Grands Événements | numéro 13

LE TRAITÉ DE VERSAILLES
ET LA FIN DE LA PREMIÈRE GUERRE MONDIALE

— Chronique d'une paix manquée

par Jonathan D'Haese

50MINUTES

Avec la collaboration de Thomas Jacquemin

50MINUTES

DEVENEZ INCOLLABLE
EN HISTOIRE !

50MINUTES
Grandes Batailles | numéro 26
LA GUERRE
DU KIPPOUR
Le conflit à l'origine du premier choc pétrolier

Neil **Armstrong**

Le **Titanic**

George **Washington**

Christophe **Colomb**

Jacques **Cartier**

www.50minutes.com

LE TRAITÉ DE VERSAILLES

- **Quand ?** Du 18 janvier 1919 au 10 janvier 1920.
- **Où ?** À Paris.
- **Contexte ?**
  - La fin de la Première Guerre mondiale (1914-1918).
  - La signature de l'armistice (11 novembre 1918).
- **Acteurs principaux ?**
  - Georges Clemenceau, homme politique français (1841-1929).
  - Thomas Woodrow Wilson, homme d'État américain (1856-1924).
  - Vittorio Orlando, homme politique italien (1860-1952).
  - David Lloyd George, homme d'État britannique (1863-1945).
- **Répercussions ?**
  - La création de la Société des Nations en 1919.
  - Les rivalités entre les Alliés européens.
  - L'affaiblissement des grandes puissances occidentales.
  - La montée des nationalismes.

Le traité de Versailles marque la fin de la Première Guerre mondiale entre l'Allemagne et les Alliés, représentés par Georges Clemenceau (France), Lloyd George (Grande-Bretagne), Woodrow Wilson (États-Unis) et Vittorio Orlando (Italie). Il est signé le 28 juin 1919 dans la galerie des Glaces du château de Versailles, à l'endroit même où a eu lieu la proclamation de l'Empire allemand en 1871. En imposant ce lieu à l'Allemagne, la France souhaite effacer symboliquement l'humiliation subie lors de la guerre franco-prussienne de 1870 en la contraignant à reconnaître ses responsabilités dans le conflit mondial.

Les clauses du traité sont sévères envers le pays vaincu. Elles amputent l'Allemagne du huitième de son territoire et l'obligent à renoncer à ses colonies au profit des vainqueurs. De plus, elle doit restituer le territoire de l'Alsace-Lorraine à la France et verser une lourde amende en dédommagement des dégâts causés lors de la guerre. Le traité prévoit également la suppression du service militaire, réduisant l'armée allemande à 100 000 hommes, dans le but de limiter son pouvoir. Afin de s'assurer du respect des nombreuses clauses, les Alliés se concertent pour occuper la rive gauche du Rhin pendant 15 ans.

Les délégués allemands finissent par signer le document qui est perçu à Berlin comme un diktat humiliant et hostile imposé par les vainqueurs. Au final, le traité s'avère un échec diplomatique. Il attise les rivalités au sein même des puissances européennes, soucieuses de maintenir leurs rangs, au détriment d'une Allemagne blessée qui porte en elle les germes d'une seconde déflagration mondiale.

CONTEXTE

UNE EUROPE SOUS DOMINATION ALLEMANDE

Sarajevo, le 28 juin 1914. L'archiduc François-Ferdinand de Habsbourg (1863-1914) et son épouse tombent sous les coups de l'anarchiste serbe Gavrilo Princip (1894-1918). Les États européens utilisent ce prétexte pour se déclarer la guerre. Le 4 août 1914, le général allemand Helmuth von Moltke (1848-1916) lance son armée vers Paris. Il escompte une victoire rapide contre la France, mais la résistance opposée par la Belgique, puis par la France, stoppe net l'élan allemand sur les bords de la Marne.

L'hiver 1914 voit les armées s'enliser dans une guerre d'usure. Pendant de longs mois, elles se font face de part et d'autre d'une ligne de front de 700 kilomètres, sans qu'aucune offensive planifiée par les belligérants ne donne l'avantage à l'un ou l'autre camp. Au début de l'année 1918, la situation reste critique pour les Alliés : après quatre ans de combat, l'Empire allemand domine l'Europe, tout en étant parvenu à conserver son armée intacte et à préserver son territoire de toute invasion.

Le 3 mars 1918, la paix séparée signée avec les Soviétiques à Brest-Litovsk (Biélorussie) assure à l'Allemagne une victoire à l'Est. Le général allemand, Erich Ludendorff (1865-1937), profite de l'occasion pour concentrer ses forces sur le front occidental. Là, il lance trois offensives : en Picardie (le 21 mars), en Flandre (le 9 avril), puis au Chemin des Dames (le 27 mai). Ces opérations apportent presque la victoire aux Allemands qui enfoncent le front allié sur 60 kilomètres jusqu'à Amiens et menacent Paris en juin. Cependant, la résistance menée par les armées anglo-françaises lors de la seconde bataille de la Marne, qui fait rage du 15 au 20 juillet 1918, révèle les faiblesses de l'armée ennemie et l'oblige à se replier sur le département de l'Aisne le 18 juillet. Il s'agit là des prémices du déclin allemand.

L'INTERVENTION DES ÉTATS-UNIS

En guerre depuis le mois d'avril 1917, le président américain Wilson espère une victoire rapide contre le IIe Reich, sans toutefois l'écraser totalement. Le 8 janvier 1918, il présente au Congrès américain ses « quatorze points » qui établissent les conditions nécessaires en vue de rétablir la paix entre les États européens après le conflit. Parmi celles-ci, on trouve la suppression de la diplomatie secrète, la limitation des armements et la création d'une Société des Nations (SDN) chargée d'assurer l'intégrité des territoires et la souveraineté des États européens.

L'objectif du président américain est pragmatique. Il veut convaincre l'opinion publique des deux blocs de la nécessité d'aboutir à une paix sans annexion et équilibrée, basée sur le principe de liberté des peuples à disposer d'eux-mêmes. Dans un premier temps, la manœuvre est un échec. Au début de l'année 1918, la poursuite des offensives militaires menées dans la Somme pour déstabiliser le front allemand empêche la résolution du conflit par voie diplomatique. À ce stade de la guerre, Wilson comprend qu'une paix n'est possible qu'avec l'intervention des armées américaines pour permettre un renversement du rapport de force en faveur des Alliés.

En effet, après avoir manqué de s'effondrer au cours de la percée des armées allemandes entre les mois de mars et d'avril, l'armée française a perdu toute capacité à se lancer dans de grandes offensives. Quant aux Britanniques, leur position n'est pas plus enviable ; ils déplorent la perte de 236 000 hommes.

Le 26 mars 1918, Georges Clemenceau place les forces alliées situées sur le front occidental sous le commandement unique du maréchal Ferdinand Foch (1851-1929). Le 27 mai, le nouveau généralissime allié prend contact avec John Pershing (1860-1948), le commandant de la force expéditionnaire américaine, pour le convaincre de prendre part à une offensive générale contre l'Allemagne. Mais Pershing vient tout juste d'arriver en France à la tête d'un corps armé ne comptant que 14 500 hommes. Après bien des négociations, le Congrès américain accepte de lui envoyer un million de soldats mobilisés en vertu du *Selective Service Act*, une loi qui organise la conscription aux États-Unis depuis mai 1917.

Assuré de la participation des Américains, Foch déclenche une offensive des forces interalliées dans le département de la Somme le 8 août 1918. Bien que n'intervenant qu'en renfort, l'engagement de trois millions de soldats américains en Europe pèse de manière décisive en faveur des Alliés.

VERS L'ARMISTICE

Disposant désormais d'une supériorité numérique en artillerie et en hommes, les Britanniques parviennent à transpercer les lignes allemandes en Picardie, en Artois et en Flandre à la fin du mois de septembre. En pleine débandade, les Prussiens sont confrontés à l'effondrement de leurs alliés en Europe de l'Est.

Contraint à la retraite sur tous les fronts, le général Ludendorff conseille à Guillaume II (roi de Prusse et empereur d'Allemagne, 1859-1941) de se rendre aux vainqueurs. Le 3 octobre 1918, l'empereur charge le prince Maximilien de Bade (homme politique allemand, 1867-1929) de demander la paix au président Wilson.

Le Reich est alors au bord de l'effondrement. À Berlin, des factions politiques d'extrême gauche exploitent le mécontentement de la population pour organiser des grèves contre la « guerre impérialiste » et instaurer des conseils ouvriers (les soviets), suivant en cela l'exemple des révolutionnaires russes. Impuissant, Guillaume II abdique le 9 novembre. Le lendemain, le Reichstag (assemblée parlementaire de l'Empire allemand) proclame la République. Entre-temps, une délégation, conduite par Matthias Erzberger (homme politique allemand, 1875-1921), passe les lignes du front français pour négocier les termes d'un armistice. Les discussions s'ouvrent le 8 novembre dans le wagon du train personnel du maréchal Foch. Tirant parti de la défaite des Allemands, le chef allié leur impose une reddition aux conditions draconiennes. Ils doivent accepter la libération des prisonniers de guerre alliés et l'évacuation, sous 15 jours, des territoires envahis à l'ouest, notamment l'Alsace-Lorraine.

Signé le 11 novembre 1918, l'armistice met fin à quatre ans de lutte armée sur le continent européen. Les conditions sont alors réunies pour imposer un traité de paix dominé par les intérêts et les désirs de revanche de la France contre l'Allemagne vaincue. Mais l'avenir montrera que remporter la victoire n'assure pas nécessairement la paix.

GEORGES CLEMENCEAU, LE PÈRE DE LA VICTOIRE FRANÇAISE

Né en 1841, Georges Clemenceau est le chef de la gauche radicale avant 1914. Au moment de l'entrée en guerre, son antigermanisme l'incite à appeler les Français à tous les sacrifices pour triompher de l'Allemagne. Par conséquent, lorsqu'en novembre 1917, Raymond Poincaré (homme d'État français, 1860-1934) l'appelle au Gouvernement alors que l'issue du conflit s'annonce critique, il déclare pour seul programme à l'Assemblée nationale : « Je fais la guerre ! » (« La détermination des gouvernements), in *Pour mémoire. L'armistice du 11 novembre 1918*) Appuyé par une forte majorité parlementaire, il instaure une politique de salut public et poursuit les défaitistes. Pour lui, la guerre ne doit déboucher que sur la victoire.

Après l'armistice, les Français le surnomment le « père de la victoire ». C'est donc sans surprise qu'il représente la France à la conférence de paix avec la mission de récupérer l'Alsace-Lorraine, de garantir la frontière franco-allemande et d'obtenir des réparations de guerre de la part de l'Allemagne. Clemenceau espère en effet la contraindre à reconnaître les destructions infligées à la France. Toutefois, il admet que son pays n'est pas le seul à pouvoir se vanter du mérite de la victoire. Sans ses alliés, la France serait certainement vaincue. Il doit donc se modérer et finit par accepter la création d'une ligue des nations.

Élu à la tête du bloc national (une coalition de centre droite) en 1919, les partisans de l'action française (mouvement politique français d'extrême droite) lui reprochent sa mollesse dans l'application du traité.

En janvier 1920, il brigue la présidence de la République, d'où il espère surveiller la mise en œuvre des traités de paix. Mais sa défaite face à Paul Deschanel (homme d'État français, 1855-1922) sonne la fin de sa carrière politique. Il termine sa vie seul, profitant de son temps libre pour voyager et écrire.

Il meurt à Paris le 24 novembre 1929.

THOMAS WOODROW WILSON, L'IDÉALISTE

Né en 1856, Thomas Woodrow Wilson est élu à la Maison-Blanche en 1912. Véritable pacifiste, il proclame la neutralité des États-Unis en 1914, limitant ainsi leur implication dans le conflit mondial à la coopération internationale.

Mais devant la guerre sous-marine que lui déclare l'Allemagne en janvier 1917, il ne peut rester les bras croisés et engage son pays dans le conflit au mois d'avril. Wilson y voit l'occasion de convertir le monde à la démocratie. Lorsque le 18 novembre 1918, il annonce sa participation à la conférence de paix, la stupéfaction est totale. Jamais aucun président en exercice n'avait jusqu'alors représenté les États-Unis à l'étranger.

Arrivé à Paris le 14 décembre, il tente de faire en sorte que la paix soit signée sans qu'il n'y ait d'annexion. Wilson désire en effet que l'Allemagne regagne sa place de grande puissance sans aucune frustration, afin que la paix soit garantie sur le long terme. Mais Clemenceau ne partage pas cet avis. Pour le Français, la création d'un État tampon (la Sarre et la Ruhr), occupé par l'armée française, est la condition pour éviter une nouvelle guerre en réduisant la puissance de l'Allemagne. Malheureusement pour Wilson, ses idéaux s'avèrent incompatibles avec l'agressivité de la diplomatie européenne.

Malgré ce premier échec, il est bien décidé à se battre pour ses convictions. L'enjeu maintenant est de faire accepter le traité de Versailles au Congrès, et tout particulièrement la création d'une Société des Nations. En juillet 1919, il organise une campagne de propagande à travers les États-Unis, qui l'use profondément. Paralysé, il continue le combat depuis sa chambre, et exige l'adoption du traité en l'état, mais les sénateurs refusent de le ratifier.

Sa politique, qui devait permettre aux États-Unis de sortir de l'isolationnisme, échoue. En 1920, il brigue un troisième mandat, mais les Américains choisissent le républicain Warren Harding (1865-1923) qui prône un retour à la vie normale après la guerre.

Le 20 novembre 1919, Wilson reçoit le prix Nobel de la paix pour son action au cours de la Première Guerre mondiale. Deux ans plus tard, il se retire de la scène politique et s'éteint le 3 février 1924 à Washington.

DAVID LLOYD GEORGE, LE LION BRITANNIQUE

Né en 1863, Lloyd George domine la vie politique britannique entre 1906 et 1922. D'abord opposé à l'entrée en guerre de la Grande-Bretagne, il développe, à partir de 1915, les industries d'armement nécessaires à l'effort de guerre et soutient la politique de grandes offensives, notamment l'expédition des Dardanelles.

En décembre 1916, il remplace Herbert Asquith (1852-1928) comme Premier ministre et permet à la Grande-Bretagne de sortir vainqueur de la guerre. En outre, sa position lui permet de négocier avec les Américains et les Français à Paris.

S'il considère au début que l'Allemagne doit payer pour les dégâts commis, il finit par adopter les positions de Wilson. Convaincu qu'elle finira par retrouver sa force, il insiste sur l'importance de ne pas l'humilier, de peur de perdre un partenaire essentiel pour la Grande-Bretagne. Quant à la Société des Nations, il y voit un moyen d'impliquer les États-Unis dans les affaires de l'Europe. De retour à Londres, il s'empresse de faire ratifier le traité, par crainte de le voir refusé par les chambres, au risque de retarder des réformes essentielles à la restauration économique du pays.

En 1922, l'imprudence de sa politique antiturque dans la crise de Tchanak (septembre-octobre 1922) lui fait perdre le pouvoir. Redevenu chef de l'opposition libérale aux communes, il assiste à la dislocation de son parti. De plus en plus isolé sur la scène politique britannique, il n'en perd pas moins son influence. Avec l'aide de l'économiste John Meynard Keynes (1883-1946), il se lance dans un projet de réforme pour convertir la Grande-Bretagne en État providence.

LA CRISE DIPLOMATIQUE DE TCHANAK

L'affaire Tchanak est la première mise à l'épreuve majeure de la politique étrangère de Lloyd George vis-à-vis de la Turquie de Mustapha Kemal (président turc, 1881-1938). Au mépris de l'accord signé à Sèvres, les forces nationalistes turques attaquent les Grecs en Asie Mineure et assiègent les forces d'occupation britanniques dans la petite ville portuaire de Tchanak au cours de l'été 1922. Craignant de voir les Turcs menacer l'armée britannique à Constantinople, Lloyd George enjoint les forces militaires des dominions à envoyer des troupes pour démontrer la solidarité de l'empire vis-à-vis de la Turquie. Gardé à l'écart des manœuvres, le Parlement juge cette politique imprudente et réclame la démission du Premier ministre. Mais la crise est finalement apaisée grâce à la médiation française qui aboutit à l'armistice de Moudanya (11 octobre 1922).

Au milieu des années trente, Lloyd George éprouve quelques difficultés à se positionner face au développement du parti nazi. En 1936, il se rend même à Berlin pour rencontrer Hitler (chancelier allemand, 1889-1945), qui se félicite de saluer « le vainqueur de l'Allemagne ». Mais deux ans plus tard, l'épisode de l'Anschluss (rattachement de l'Autriche à l'Allemagne) lui fait mesurer l'impuissance du gouvernement de Neville Chamberlain quant au redéploiement militaire du IIIe Reich. En 1940, à la Chambre des communes, il se lance dans un discours historique qui destituera Chamberlain de son poste de Premier ministre, aussitôt remplacé par Winston Churchill. Ce dernier propose à Lloyd George une place dans son ministère, mais ce dernier refuse.

Ses dernières années, il les passe à plaider pour une consolidation de l'État providence, qu'il a lui-même initié, et appelle à la conclusion d'une paix pondérée avec l'Allemagne dès la fin de la bataille d'Angleterre (août-octobre 1940).

Il meurt le 26 mars 1945 à Londres.

VITTORIO ORLANDO, LE VAINQUEUR ÉCONDUIT

Né à Palerme en 1860, Vittorio Emmanuel Orlando est un député libéral modéré. À partir de 1897, il assiste le chef du conseil d'État italien, Giovanni Giolitti (1842-1928), en tant que ministre de l'Instruction publique (1903-1905), puis de la Justice (1907-1909). Entre 1914 et 1916, il se voit à nouveau confier ce ministère dans le gouvernement d'Antonio Salandra (homme politique italien, 1853-1931).

Au lendemain de la défaite italienne à Caporetto (24 octobre-9 novembre 1917), il conduit une formation d'union nationale guidée par l'idée de résistance. Avec énergie, il développe l'économie de guerre et rétablit les forces militaires du pays, ce qui lui permettra de vaincre les Autrichiens à Vittorio Veneto (octobre 1918).

En 1919, il siège à la conférence de Paris pour veiller au respect des clauses du pacte de Londres de 1915, qui prévoit le retour des terres irrédentes à l'Italie en échange de son engagement auprès des forces de l'Entente. Mais au moment venu, les Alliés refusent d'honorer leur engagement, craignant de voir l'Italie prendre une trop grande place en Méditerranée. Dans l'impasse, Vittorio Orlando décide de faire débarquer des troupes italiennes à Adalia (Turquie) et les fait stationner devant Smyrne (l'actuel Izmir) pour contraindre les Français et les Britanniques à lui accorder le contrôle du port de Fiume (Croatie) aux dépens de la Yougoslavie. Mais cette manœuvre le fragilise, et il choisit de quitter la table des négociations le 19 juin 1919.

De retour à Rome, il est élu chef de l'Assemblée. Il essuie rapidement de nombreuses critiques de la part des Italiens qui lui reprochent de ne pas avoir su imposer les intérêts du pays aux Alliés et donc de ne pas avoir su récompenser les sacrifices consentis pendant la guerre.

L'Italie connaît à ce moment une grave crise qui attise l'opposition entre les syndicats ouvriers et les membres du patronat, regroupés au sein du nouveau parti fasciste de Mussolini (1883-1945). Si Orlando commence par soutenir Mussolini qui obtient le pouvoir par la contrainte, il finit par rejoindre l'opposition lorsque les fascistes assassinent le leader du parti socialiste, Giacomo Matteotti (1885-1924), le 10 juin 1924.

Depuis lors, il évite toute compromission avec le régime fasciste et adopte une attitude de retrait, tout particulièrement le 4 juin 1944 au moment de la libération de Rome par les troupes américaines. Cette réserve lui vaut d'être élu président de l'Assemblée constituante de la nouvelle République italienne en juin 1946. Mais ses objections aux conditions du traité de paix signé entre l'Italie et l'Autriche, conduit à son renoncement en 1947. En compensation, il est élu au Sénat l'année suivante et, dans la foulée, présente sa candidature à la présidence de la République. Mais c'est le libéral Luigi Einaudi (1874-1961) qui est finalement élu le 11 mai 1948.

Vittorio Orlando meurt à Rome le 1er décembre 1952.

LE TRAITÉ DE VERSAILLES

UN TRAITÉ CRITIQUÉ

Le traité de Versailles a mauvaise réputation. On le tient pour responsable de la montée du nazisme en Allemagne et de la guerre qui s'ensuit. Mais c'est oublié que l'accord est le résultat d'un compromis fragile entre les quatre puissances alliées pour tenter de rétablir la paix dans le contexte explosif résultant de la Première Guerre mondiale.

En 1918, la chute inattendue des Empires austro-hongrois, allemand et ottoman fait émerger de nouveaux pays qui attendent des vainqueurs des garanties de sécurité selon les règles de l'État-nation, héritées du XIXe siècle. Les trois chefs d'État savent que pour y parvenir ils devront fonctionner dans le cadre d'une institution cohérente, chargée de sanctionner équitablement les responsabilités entre les vainqueurs et les vaincus, sous peine d'entretenir les ressentiments issus de la guerre.

LE PROBLÈME DES NATIONALITÉS AU DÉBUT DU XXe SIÈCLE

Au XIXe siècle, l'équilibre européen est organisé selon le modèle de l'État-nation. Les bases théoriques de ce modèle de souveraineté insistent surtout sur la liberté des hommes à vivre en communauté au sein d'un territoire défini, placé sous la responsabilité d'un gouvernement capable de les représenter et de les protéger d'une agression venue de l'étranger. Hérité de la philosophie des Lumières, l'application du principe national conduit à trois mouvements distincts :

- l'unification de pays en des ensembles territoriaux et politiques cohérents. L'unification de l'Italie en 1859 et de la Prusse en 1871 en sont les meilleurs exemples ;

- la formation de communautés nationales visant l'homogénéité ethnique pour se protéger des influences étrangères. C'est le cas dans les Balkans, où la Grèce, la Serbie ou encore la Roumanie cherchent à affirmer leur souveraineté face aux Empires austro-hongrois et russe ;

- le maintien, à l'intérieur de ces États, de plusieurs ethnies, qui sont toutefois dominées par le modèle culturel d'une seule, se revendiquant d'un droit historique d'occupation du sol ou de pureté du sang.

Dans le contexte de l'effondrement des empires, après 1918, on peut comprendre que le principe des nationalités est particulièrement difficile à respecter au sein de territoires où les ethnies sont si nombreuses et si étroitement imbriquées.

L'ORGANISATION DE LA CONFÉRENCE DES VAINQUEURS

Le 18 janvier 1919, la conférence de paix est inaugurée à Paris par Raymond Poincaré. Durant l'événement, la capitale française devient le centre du monde. Pas moins de 27 pays sont invités à la table des négociations. On y attend notamment le roi des Belges Albert Ier (1875-1934) et la reine Marie de Roumanie (1875-1938) aux côtés des délégations portugaise, polonaise, grecque ou encore serbe.

Le 29 mars, la décision est prise de créer un conseil suprême réunissant les États-Unis, la France, l'Angleterre et l'Italie. Le Japon est également convié, mais sa participation se limite à la question de ses possessions en Asie orientale.

Contrairement à ce qui était prévu, tous les belligérants ne se trouvent pas autour de la table des négociations. Le grand absent, du côté allié, est la Russie. Entrée en révolution en 1917, Clemenceau préfère la tenir à l'écart, craignant l'influence que pourraient exercer les bolcheviques au cours des négociations. Quant à l'Allemagne, ses responsabilités dans le déclenchement du conflit l'excluent des discussions.

En maître de cérémonie, Clemenceau tranche pour une organisation rationnelle de la conférence pour éviter que les principaux coupables de la guerre n'exploitent les divergences d'opinion qui existe entre les pays vainqueurs.

« LE PLUS GRAND CRIME DE L'HISTOIRE »

En août 1914, l'armée allemande envahit la Belgique et se rend coupable d'exactions sur près de 6 500 civils. Quatre ans plus tard, le gouvernement français promet de poursuivre les criminels de guerre allemands devant un tribunal international pour qu'ils soient rendus responsables des actes commis. Pour la Grande-Bretagne, qui n'a pas connu d'invasion, la reconnaissance de la responsabilité pénale de l'Allemagne lui paraît également essentielle.

En visite à Londres au mois de décembre, Clemenceau accuse Guillaume II d'avoir commis « le plus grand crime de l'histoire » et se joint à Lloyd George pour réclamer l'extradition de l'empereur.

Le Premier ministre anglais suggère alors la création d'une cour internationale composée de juges alliés compétents pour statuer sur le sort des personnes accusées d'avoir violé le droit des gens. Mais devant le refus du président Wilson, qui défend la compétence des tribunaux nationaux pour juger les criminels de guerre, un compromis doit être trouvé. Il est alors convenu que :

- les Alliés ont le droit d'accuser publiquement Guillaume II « d'offense suprême à la morale internationale et à la sainteté des traités » (article 227 du traité) ;
- chaque État peut juger les criminels de guerre devant leurs tribunaux respectifs, en vertu du principe de responsabilité exclusive.

Sur cette base, les trois alliés soumettent à l'Allemagne une liste comprenant le nom de 854 personnes qu'ils souhaitent juger. Mais les listes paraissent tellement incohérentes que l'Allemagne refuse de livrer les accusés. Alors, sous la pression du président américain Wilson, soucieux de ménager l'autorité du gouvernement allemand, elles sont réduites. Suite à ces changements, l'Allemagne consent à juger les personnes impliquées. Mais le procès des criminels traduits devant la Haute Cour pénale de Leipzig, à partir du mois de mai 1921, s'annonce chaotique.

UNE DETTE ALLEMANDE COLOSSALE

Outre ses crimes, la responsabilité de l'Allemagne éclate au grand jour quand les négociateurs introduisent la notion de réparation de guerre dans le traité. Reconnue comme seule responsable des dommages subis par les pays alliés au cours de la guerre, l'Allemagne est obligée de les indemniser (article 231). Cette notion est chère à Clemenceau qui insiste pour qu'elle soit introduite dans le protocole d'armistice, la France enregistrant les dégâts les plus importants.

Sa volonté est d'affaiblir la position de l'Allemagne en exigeant d'elle des indemnités, mais également en l'obligeant à renoncer à l'Alsace-Lorraine et à ses colonies en Asie et en Afrique. Quant à son armée, elle est réduite à 100 000 hommes. Pour Lloyd George et Woodrow Wilson, ces conditions sont trop dures. Si l'Allemagne doit bel et bien payer le prix pour avoir déclenché la guerre, l'application des clauses de réparation conduit à exiger beaucoup plus qu'elle ne peut payer. Lloyd George préfère par conséquent assurer des « garde-fous » pour permettre à l'Allemagne de regagner sa place en Europe.

LE DROIT DES PEUPLES À DISPOSER D'EUX-MÊMES

Dès le début de la conférence, le sort à réserver à l'Allemagne met en évidence la nécessité de sanctionner, par le droit, la place respective des nouvelles nations issues de l'effondrement des Empires centraux. Contrairement à Georges Clemenceau et à Lloyd George, qui subordonnent cet équilibre au droit du vainqueur, Wilson est le seul à marquer son indépendance en proposant le principe du droit des peuples à disposer d'eux-mêmes. Cette politique, dite de la porte ouverte, présente l'avantage de rompre avec l'expansion territoriale stérile à l'origine de la guerre, en réservant à chaque nation une zone d'influence économique propre dans un marché commun sécurisé.

En outre, le président américain tente d'influer sur le sens traditionnel de la diplomatie européenne en incitant ses confrères français et britanniques à incorporer une clause prévoyant la création d'une Société des Nations chargée de veiller à la sécurité collective des États et à leurs bonnes relations économiques – avec les États-Unis en particulier. Si George Clemenceau et Lloyd George acceptent d'intégrer ce projet en préambule du traité, Wilson n'a toutefois pas obtenu tout ce qu'il désirait. Pour les Européens, le rétablissement de la paix est soumis à des revendications d'indépendance et à des rapports de force de territoires stratégiques que les Alliés attribuent souvent en fonction de leurs propres intérêts. Cette manière partiale de définir le droit des nations occasionne quelques vifs débats autour de la table des négociations.

Parmi les sujets discutés, l'indépendance de la Pologne est l'un des dossiers qui soulève le plus de questions. Engagée à leurs côtés pendant la guerre, les Alliés se montrent disposés à récompenser la Pologne en honorant le 13e point de Wilson qui lui promet la restauration d'un territoire « indiscutablement polonais ». Mais les choses se compliquent dès qu'il est question de fixer les frontières du nouvel État.

En juin 1919, le traité de Versailles reconnaît officiellement l'indépendance de la Pologne, proclamée quelques mois plus tôt. Dans le but d'en faire un État tampon solide contre l'extension de l'influence soviétique en Europe occidentale, les Alliés en fixent les frontières suivant l'ancienne ligne de front russo-allemande de 1918. Les Polonais héritent ainsi de la moitié ouest de la Prusse orientale et du riche territoire minier de Posnanie. Quant au couloir de Dantzig, la commission interalliée l'attribue à la Pologne, favorisant ainsi son accès à la Baltique, mais refusant de reconnaître le référendum de 1920 qui se prononçait en faveur de la réintégration au Reich. Cette décision compromet gravement l'équilibre des frontières à l'est, et, au final, personne n'est vraiment satisfait du tracé imposé par le traité de Versailles. Cette situation explosive entraîne un nouveau conflit ouvert entre la Pologne et la Russie à partir du mois de février 1919. Il ne s'achèvera qu'en décembre 1922, avec la proclamation de l'Union des républiques soviétiques socialistes.

La préoccupation des Alliés de réorganiser l'Europe autour d'une Allemagne affaiblie au profit de leur hégémonie les fait aboutir, en juin 1919, à un traité déséquilibré, marqué du sceau des vainqueurs et coupé de la réalité des populations dont il est censé traduire les aspirations dans le droit international. Dans de telles conditions, le faire accepter par l'Allemagne s'annonce une gageure.

UNE SIGNATURE SOUS TENSION

Les Allemands approuvent difficilement ce traité qui leur enlève une partie de leur territoire, limite leur armée et les prive de leurs colonies. Devant le refus des Alliés de négocier, le gouvernement social-démocrate de Friedrich Ebert (1871-1925) démissionne. Mais s'obstiner compromettrait la paix et exposerait le pays à une invasion étrangère – le maréchal français Foch se tenant prêt à marcher sur Berlin si la situation venait à dégénérer. Par conséquent, le 22 juin 1919, le Reichstag finit par accepter les conditions des Alliés, à 237 voix contre 158.

Le 28 juin 1919, la galerie des Glaces, qui accueille l'événement, est encombrée de tables et de chaises. Les délégations des 27 États victorieux, mais aussi les généraux et les nombreux poilus – dont les places sont réservées – se pressent pour assister à la signature du traité de paix. La foule du tout Paris est également bien présente afin d'acclamer les trois héros du jour : Wilson, Lloyd George et Clemenceau.

Vers 15 heures, les deux ministres allemands Hermann Müller (1876-1931) et Johannes Bell (1868-1949) pénètrent dans la galerie. Alors que la foule leur réserve un accueil des plus glacial, ils signent ce qu'ils appellent le diktat de Versailles. Personne ne se doute encore que cette signature donnera à Adolf Hitler l'un de ses arguments phares pour porter le parti nazi au pouvoir.

UN TRAITÉ REMIS EN CAUSE

Au moment d'engager les ratifications en janvier 1920, aucun État n'est vraiment satisfait du traité, et deux des trois chefs d'État qui l'ont élaboré perdent le pouvoir : Wilson laisse la place à Warren Harding, tandis que Clemenceau cède la présidence du conseil à Alexandre Millerand (1859-1943).

Aux États-Unis, le traité est rejeté par le Congrès, notamment suite à l'impossibilité des Européens d'acquitter la dette contractée à leur égard au moment de l'offensive d'octobre 1918. Cette crise provoque non seulement la fin de la carrière de Wilson, mais aussi le refus des États-Unis d'entrer dans la Société des Nations.

En France, Clemenceau est renvoyé pour ne pas avoir été capable d'arracher à l'Allemagne toutes les réparations nécessaires à la restauration du pays. Mais cela n'empêche pas l'Assemblée nationale de ratifier le traité le 13 juillet 1920. Le retour de Poincaré sur le devant de la scène permet à l'homme politique lorrain de rectifier certaines clauses du traité de Versailles, en accordant à la France l'occupation du bassin de la Ruhr en garantie du remboursement des réparations.

Au-delà des intérêts des trois grands pays alliés, l'accord n'a pas su régler des problèmes essentiels, tels que la fixation des frontières polonaises. Ces lacunes ouvrent la voie à de féroces campagnes nationalistes. Ainsi, partout en Europe, l'application d'un concept de nationalité mal maîtrisé permet à des hommes politiques démagogues de poser les bases de guerres à l'abri des souveraine-tés nationales.

L'ÉCHEC DU TRAITÉ DE VERSAILLES

À bien des égards, le traité de Versailles s'avère être un échec. Les raisons pour l'expliquer sont à chercher à la fois dans l'organisation des réunions de paix, mais également dans les conséquences qu'ont eues certaines clauses.

Tout d'abord, le fait d'exclure la Russie et l'Allemagne des négociations augure davantage un règlement de compte qu'une paix équilibrée, tenant compte des intérêts de ces deux pays prépondérants dans l'équilibre européen. C'est donc un esprit revanchard qui conduit les trois grands négociateurs à faire payer les vaincus en se montrant intransigeant sur leurs revendications – particulièrement à propos des réparations dues par l'Allemagne – et en ne laissant aucune marge de négociation.

Il faut ensuite noter l'importance jouée par le Conseil suprême allié dans la mise en œuvre des traités, en opposition aux faibles moyens d'action laissés à la Société des Nations pour tenir son rôle de médiateur. En outre, les institutions mises en place par le traité de Versailles renforcent l'emprise de la France et de la Grande-Bretagne sur leurs colonies.

LA SOCIÉTÉ DES NATIONS, UNE INSTITUTION INTERNATIONALE PEU EFFICACE

Les traités font de la Société des Nations un organe de maintien de la paix au lendemain de la Première Guerre mondiale. Elle reçoit pour mission de maîtriser les risques de conflits en réglant les différends entre les États. Mais l'absence d'instances supranationales la subordonne aux intérêts du Conseil suprême allié, et limite ses moyens d'action durant l'entre-deux-guerres. Toutefois, le recours à son arbitrage permet, à plusieurs reprises, de clarifier le statut de certains territoires stratégiques qu'ils administrent au cours des années vingt. Ainsi, le traité de Versailles prévoyait, par exemple, qu'un référendum soit organisé en haute Silésie afin de savoir si la région devait revenir à la république de Weimar ou à la république de Pologne. En 1922, la Société des Nations est invitée à trancher la question et parvient à faire accepter le partage du territoire entre les deux pays. Dans le même ordre d'idée, elle se voit confier la gestion de la Sarre pour la France et de la ville libre de Dantzig pour la Pologne jusqu'en 1923.

Au-delà de cet aspect, la SDN n'est qu'un organe de médiation dont l'arbitrage peut s'avérer efficace pour apaiser des crises circonscrites à des territoires précis. Mais son efficacité reste très limitée dès que la stabilité de l'Europe est compromise par des conflits plus importants. Ainsi, les questions les plus importantes restent entre les mains du Conseil suprême allié. Par conséquent, la SDN apparaît très vite comme un outil docile au service d'une réorganisation mondiale, dominée par la vision européenne.

UN TERREAU PROPICE À LA SECONDE GUERRE MONDIALE

Malgré quelques succès notables, la Société des Nations se montre rapidement incapable de répondre aux nombreuses provocations des pays de l'Axe (Allemagne, Italie, Japon), qui aboutissent au déclenchement de la Seconde Guerre mondiale (1939-1945).

En Allemagne, le traité suscite immédiatement la colère de l'opinion publique, et des échauffourées ont lieu. Pour montrer leur mécontentement, les Berlinois brûlent les drapeaux français pris en 1870 lors de la guerre franco-prussienne pour ne pas avoir à les restituer. Profitant de ce contexte, les leaders allemands les plus radicaux tentent d'attiser la colère du peuple par des discours qui mettent en avant l'humiliation subie par l'Allemagne. Parmi eux, un caporal du nom d'Adolf Hitler en profite pour fédérer les groupes ouvriers au sein du Parti national-socialiste des travailleurs allemands (NSDAP) et les galvanise en leur promettant de réunir toutes les minorités allemandes séparées de la patrie par les « traîtres de Versailles » au sein d'un « Reich immortel ». Cette politique se traduit par le redéploiement militaire de l'Allemagne, qui remilitarise la Rhénanie et annexe, dès 1938, les Sudètes (Allemands de Bohême) et l'Autriche avec la bénédiction des chefs d'État alliés réunis pour l'occasion à Munich.

Dès 1933, le Reich quitte la Société des Nations, très vite suivi par le Japon et l'Italie fasciste en 1937, qui refusent de voir leur politique étrangère, menée respectivement aux dépens de l'Éthiopie et de la Chine, soumise à son jugement.

L'incapacité de la SDN à gérer les revendications allemandes sur la ville libre de Dantzig marque définitivement son échec. Cette crise finit de convaincre Hitler d'envahir la Pologne, le 1er septembre 1939.

LE DROIT DES PEUPLES, « UNE EXPRESSION CHARGÉE DE DYNAMITE »

Au moment de signer le traité, les Alliés choisissent de placer le principe de liberté des hommes à disposer d'eux-mêmes à la base de la légitimité des nouveaux États, concept qu'ils lient à une application radicale des droits du sol ou du sang. Ces principes sont très vite appréhendés par les différents régimes européens comme une menace pour leur stabilité.

Lorsqu'un État tire sa légitimité du consentement du peuple – perçu comme une nation –, la présence d'autres groupes ethniques est ressentie comme une menace par ceux qui croient en leur droit d'occuper le sol. Il s'avère en effet difficile pour les Alliés de donner à quelque 60 millions de personnes un État qui leur serait propre, sans réduire d'autres groupes au rang de minorités. C'est notamment le cas des Balkans, où la recomposition d'États jugés trop petits pour être viables nécessite de réunir des populations qui n'ont aucun lien de nationalité. Ainsi, on trouve en Tchécoslovaquie, près de 3 200 000 Allemands dans une population qui compte 13 millions d'habitants. Ce déséquilibre est dangereux, car il confronte ce petit État d'Europe centrale au risque de subversion de la part de minorités imposantes. Le rattachement des Sudètes au Reich, en 1938, en est un bon exemple.

Dans d'autres cas, le refus d'assimilation à la culture dominante conduit à l'expulsion de groupes entiers. Entre 1922 et 1923, les Turcs organisent ainsi le transfert des populations arménienne et grecque en échange de ressortissants turcophones au cours du conflit qui les oppose.

On pourrait multiplier les exemples, mais il est clair qu'en liant l'indépendance des nations aux critères exclusifs d'une langue unique et d'un territoire aux frontières imposées par traité, les vainqueurs de Versailles entretiennent les frustrations des populations, qui continuent à se battre pour défendre des frontières et des territoires que chacun veut ethniquement homogènes.

UNE RECONSTRUCTION ÉCONOMIQUE FRAGILE

En novembre 1918, le conflit qui s'achève laisse l'Europe exsangue. En quatre ans, la mobilisation intensive du continent dans la guerre a lourdement affaibli ses populations et a occasionné d'importants dégâts matériels évalués, en 1921, à près de 34 milliards de francs, rien que pour la Belgique et le Nord de la France.

Les destructions dues à la guerre entraînent un lourd déficit des balances de paiement des États, et placent le continent européen dans une situation de dépendance vis-à-vis des États-Unis, qui deviennent leur créancier, grâce à leur économie dopée par l'effort de guerre.

La tenue de la conférence est l'occasion pour certains États d'organiser une véritable campagne de communication pour convaincre Washington d'intervenir dans leur ravitaillement. Ainsi, le 18 juin 1919, le roi des Belges Albert Ier profite de la venue de Wilson pour lui montrer les dégâts occasionnés par les Allemands dans les villes d'Ypres, de Louvain ainsi que dans le sillon charbonnier de Charleroi. Les actualités relaient ces images de désolation aux États-Unis, ce qui permet la mise en place d'un fonds d'aide (*Commission for Relief in Belgium*) nécessaire à la reconstruction du pays.

Cette implication économique des États-Unis est de courte durée. Effrayés par l'endettement du Vieux Continent, les trois présidents, Warren Harding, Calvin Coolidge (1872-1933) et Herbert Hoover (1874-1964), renouent avec l'isolationnisme d'avant-guerre, espérant ainsi maintenir leur pays sur la voie de la croissance économique. Mais cette politique ne fera que fragiliser plus encore l'ordre économique mondial, les bourses européennes étant désormais trop dépendantes des caprices du cours de Wall Street.

Dans ce contexte économique fragile, les Alliés ont du mal à réprimer leur haine vis-à-vis de l'Allemagne, qui est à la source de nombreux dégâts. S'ils prononcent unilatéralement la responsabilité juridique du Reich, Poincaré, désireux d'humilier plus encore les Allemands, confie l'occupation des bassins houillers de la Sarre et de la Ruhr à des troupes coloniales d'Afrique de l'Ouest. C'est la provocation de trop pour l'Allemagne, où la population est révoltée.

Se rendant compte du danger que représente la montée du ressentiment en Allemagne, la Société des Nations organise l'échelonnage de la dette de guerre afin de rendre possible un redémarrage économique. Dans un premier temps, la manœuvre est un échec. L'Allemagne connaît en effet une grave crise financière entre 1919 et 1923, qui la force à interrompre le paiement des réparations de guerre à partir de 1924.

La situation s'aggrave en 1929 suite au krach boursier de Wall Street qui désorganise les économies européennes, à l'exception de l'URSS qui connaît une croissance fulgurante à partir de 1928 grâce à l'organisation d'une économie d'État planifiée. En réaction, plusieurs nations décident de protéger leur stabilité en se tournant vers des régimes dictatoriaux : l'Italie avec le fascisme (1924), l'Allemagne avec le nazisme (1933) et l'Espagne avec le franquisme (1936).

À la fin des années trente, la seule solution qui s'offre aux Européens pour tenter de reconquérir le principe de liberté des peuples, tant défendu à Versailles, est de se lancer dans une nouvelle lutte mondiale.

EN RÉSUMÉ

- À la sortie de la Première Guerre mondiale, la conférence de paix réunie à Paris en 1919 a pour objectif de restaurer les relations entre les États en affaiblissant la puissance des anciens Empires centraux essentiellement au profit de la France et de l'Angleterre.
- Le traité de paix règle le sort de l'Allemagne et accuse Guillaume II et ses complices de crimes de guerre. En plus d'une lourde dette, l'Allemagne perd un huitième de son territoire et voit son armée limitée. À l'ouest, l'Alsace-Lorraine est restituée à la France, tandis qu'à l'est, l'Allemagne se voit enlever la haute Silésie, au profit de la Pologne, et une partie de la Prusse orientale, cédée à la Lituanie.
- Le traité tente également d'encadrer la transition politique des anciennes possessions de l'Autriche-Hongrie et de la Russie vers des régimes démocratiques. Mais l'expérience très neuve de la démocratie de masse, jointe à la cohabitation forcée de groupes nationaux au sein de frontières imposées par les vainqueurs rendent les régions d'Europe centrale et orientale très instables.
- Malgré la sévérité des clauses, l'Allemagne et la Russie récupèrent vite et se réorganisent autour de régimes autoritaires et idéologiques qui séduisent les populations.
- En Afrique et au Moyen-Orient, les vainqueurs favorisent également leurs intérêts en renforçant leur emprise sur leurs colonies. Par l'intermédiaire de la Société des Nations, ils réduisent les pays d'Afrique et du Moyen-Orient au rang de simples protectorats dont les mandats sont principalement partagés entre la France et la Grande-Bretagne.
- Partant pour rétablir la paix, le traité de Versailles ne réussit qu'à réorganiser un monde dont l'équilibre est subordonné au rapport de force des vainqueurs de la Première Guerre mondiale. L'incapacité des États à céder une partie de leur souveraineté

au profit de la sécurité collective explique l'échec de la SDN à remplir son rôle de médiation face aux frustrations trop fortes d'États, voyant toujours la guerre comme une option légitime pour se débarrasser des injustices induites par les traités. Ainsi, au lieu d'assurer la paix, le traité de Versailles ne fait qu'organiser « la guerre éternelle ».

POUR ALLER PLUS LOIN

SOURCES BIBLIOGRAPHIQUES

- AUDOUIN-ROUZEAU (Stéphane), *Encyclopédie de la Grande Guerre*, Paris, Bayard, 2014.
- BECKER (Jean-Jacques), *Le traité de Versailles*, Paris, PUF, 2002.
- BECKER (Jean-Jacques), *La Grande Guerre*, Paris, PUF, 2004.
- BECKER (Jean-Jacques), *Dictionnaire de la Grande Guerre*, Paris, André Versailles, 2008.
- DEPERCHIN (Annie), « L'application des traités », in AUDOUIN-ROUZEAU (Stéphane), *Encyclopédie de la Grande Guerre*, Paris, Bayard, 2014, p. 1019-1031.
- DEPERCHIN (Annie) « La conférence de la paix », in AUDOUIN-ROUZEAU (Stéphane), *Encyclopédie de la Grande Guerre*, Paris, Bayard 2014, p. 993-1005.
- DUMÉNIL (Anne), « Les ruptures de l'équilibre », in AUDOIN-ROUZEAU (Stéphane), *Encyclopédie de la Grande Guerre*, Paris, Bayard, 2014, p. 907-923.
- DE SCHAEPDRIJVER (Sophie), *La Belgique et la Première Guerre mondiale*, Amsterdam, Peter Lang, 2004.
- GAILLARD (Jean-Michel), « Versailles 1919 : la paix des vainqueurs », in *Les Collections de l'Histoire*, n° 21, 2003, p. 100-103.
- HORNE (John) et KRAMER (Alan), *1914. Les atrocités allemandes. La vérité sur les crimes de guerre en France et en Belgique*, Paris, Tallandier, 2011.
- KRUMEICH (Gerd), « Les armistices », in AUDOIN-ROUZEAU (Stéphane), *Encyclopédie de la Grande Guerre*, Paris, Bayard 2014, p. 924-935.
- « La détermination des gouvernements », in *Pour mémoire. L'armistice du 11 novembre 1918*, consulé le 1/09/2014.

http://www.cndp.fr/entrepot/index.php?id=28

- LE MANER (Yves), « L'offensive allemande du printemps 1918, la *kaiserschlacht* », in *Chemins de mémoire*, consulté le 1/09/2014. http://www.cheminsdememoire-nordpasdecalais.fr/lhistoire/batailles/loffensive-allemande-du-printemps-1918-la-kaiserschlacht.html

- LE MANER (Yves), « L'offensive victorieuse des Alliés en août-novembre 1918 », in *Chemins de mémoire*, consulté le 1/09/2014. http://www.cheminsdememoire-nordpasdecalais.fr/lhistoire/batailles/loffensive-victorieuse-des-allies-aout-novembre-1918.html

- MAC MILLAN (Margaret), *Les artisans de la paix. Comment Lloyd George, Clemenceau et Wilson ont redessiné la carte du monde*, Paris, JC Lattés, 2006.

- MAZOWER (Mark), *Le continent des ténèbres. Une histoire de l'Europe au XXe siècle*, Paris, Éditions Complexe, 2006.

- MOURRE (Michel), *Dictionnaire encyclopédique d'Histoire*, Paris, Larousse-Bordas, 1996.

- VANTOURA (Emmanuel), Le *traité de Versailles*, Québec, Centre national de documentation pédagogique, Québec, 2000.

- WALLART (Claudine), « Libération et armistice », in *Chemins de mémoire*, consulté le 1/09/2014. http://www.cheminsdememoire-nordpasdecalais.fr/lhistoire/le-nord-et-le-bassin-minier-sous-loccupation/liberation-et-armistice.html

- WINTER (Jay), *Première Guerre mondiale : les États*, Paris, Fayard, 2014.

SOURCES COMPLÉMENTAIRES

- ARTAUD (Denise), *Les États-Unis de Wilson à Reagan*, Paris, Armand Colin, 1985.

- BECKER (Jean-Jacques), *Clemenceau, chef de guerre*, Paris, Armand Colin, 2012.

- CABANES (Bruno), « Le vrai échec du traité de Versailles », in *L'Histoire*, juillet-août 2009, p. 36-42.
- KRUMEICH (Gerd), « La paix de Versailles vue d'Allemagne », in *L'Histoire*, juin 1999, p. 17-25.
- LLOYD (David George), *Mémoires de guerre*, Paris, Fayard, 1935.
- MIQUEL (Pierre), La *paix de Versailles et l'opinion publique française*, Paris, Flammarion, 1972.
- RENOUVIN (Paul), *Le traité de Versailles vu par ses contemporains*, Paris, Vick Éditions, 2003.

SOURCE ICONOGRAPHIQUE

- *La Signature du traité de paix à Versailles*, tableau de sir William Orpen (peintre irlandais, 1878-1931), 1919, conservé à l'Imperial War Museum de Londres (Angleterre).

MUSÉE ET MONUMENTS COMMÉMORATIFS

- Mémorial de l'Armistice, Compiègne (France).
- Monument au soldat inconnu, musée de l'Arc de Triomphe, place de l'Étoile à Paris (France).

www.50minutes.com

Éditeur responsable : Lemaitre Publishing
Rue Lemaitre 4 | BE-5000 Namur
info@lemaitre-editions.com

ISBN ebook : 978-2-8062-5960-8
ISBN papier : 978-2-8062-5961-5
Dépôt légal : D/2015/12603/48
Photo de couverture : réputée libre de droits.

Conception numérique : Primento,
le partenaire numérique des éditeurs